BONS JOURS SUR TERRE

Poèmes

Photos : site web Pixabay

Éditeur : BoD – Books on Demand
12/14 rond point des Champs Élysées
75008 Paris, France
Impression : BoD-Books on Demand,
Nordestedt, Allemagne

ISBN : 978-2-322-10331-7

Dépôt légal : février 2018

PARCOURS POÉTIQUE

- Textes édités dans "Printemps pour un nouveau siècle", par La Maison de Poésie dans le cadre du concours Arthur Rimbaud du Ministère de la Jeunesse et des Sports en 1999.

- Grand prix de la Verte Plume au XIe Festival européen des Arts et de la Poésie 1999 (section poésie classique).

- Mention section rondel au concours "Les Poécitardes" 2002.

- Publication de poèmes dans la revue poétique "Le coin de table", dirigée par Jacques Charpentreau, N°23, juillet 2005.

- "...sensible et vraie, voilà une poésie qui honore la poésie" François Fournet, président de la revue poétique l'Ouvre Boîte à Poèmes.

- Textes lus sur de nombreuses radios locales et associatives. Membre de la SACEM.

VIRGINIE MINARD

BONS JOURS SUR TERRE

J'ai réuni dans ce recueil un bouquet de mes bons jours sur terre, afin qu'il ne fane pas trop vite dans le vase des souvenirs, et que son parfum vous parvienne et chasse vos peines.

Ces fleurs poétiques possèdent différentes couleurs, différentes formes et vous invitent dans des lieux champêtres, maritimes et forestiers.

Dans la nature, le bonheur nous fait des clins d'œil, à nous de savoir le cueillir, le respirer et le vivre dans l'instant présent.

La longère du marais

De la longère du marais
On peut observer la nature.
C'est ici que votre oeil capture
De la vie sauvage un portrait.

Derrière le rideau discret
Un héron cendré s'aventure.
De la longère du marais
On peut observer la nature.

Un busard dans l'arbre apparaît,
Puis un troupeau dans la pâture,
Bien des sujets pour ma peinture !
J'aime le caractère vrai
De la longère du marais.

Émotion de saison

Assise à la terrasse de la maison,
Je noie mes rêves perdus dans l'horizon,
Et je profite de cette parenthèse
Dans le silence campagnard qui m'apaise.

Comme un étourdi le temps s'est arrêté
Caressant les champs colorés de l'été.
Un souffle de miel murmure à mon oreille
Et berce mon esprit sage qui sommeille.

Quelques fruits mûrs sont tombés sur le gazon
Sentant la venue de l'arrière-saison.
La pomme bientôt remplacera la fraise,
Le soleil déclinera, ne vous déplaise.

La peau lisse a pris la nuance du thé,
La faveur du ciel me donne la santé.
Le disque de lumière couleur groseille
M'enveloppe doucement et m'émerveille.

Les insectes chantent sous la frondaison,
La nuit diffuse une douce exhalaison.
Je sens mon cœur délesté d'un vieux malaise
Et voudrais que dans ma vie plus rien ne pèse.

Bon matin

Des chapeaux-cloches dans l'abutilon,
Et mille soleils dans la potentille,
Un liseron blanc au fil s'entortille,
Une cour de sable devant le salon...

A la fleur de l'aube s'étire le temps,
L'été royal dans sa soif de lumière
Réveille la nature costumière ;
Au plaisir du jardin on goûte l'instant.

Sucre ou miel dans la tisane de thym ?
Le profit d'une plante aromatique
Nous mettra dans une forme athlétique,
Avec deux ou trois tartines de pain !

Nous couperons quelques fleurs du rosier
Pour nous faire un bouquet spectaculaire.
Sous le saule, nous lirons Baudelaire
Près de la petite table d'osier.

Rien ne presse sous le ciel enchanteur.
L'air doux caresse notre âme ravie
Et nous chassons les hivers de la vie
Pour faire bon usage de la lenteur.

13

Une esquisse

Quand viendra la chaude saison,
J'irai dessiner une esquisse :
L'éclat du soleil qui tapisse
De pépite ma sobre maison.

Les couleurs de la floraison
Sont pour mes yeux un vrai délice ;
Quand viendra la chaude saison,
J'irai dessiner une esquisse.

Des oiseaux sous la frondaison
Sifflant une trille complice,
Me conduiront avec malice.
Mon fusain sera diapason,
Quand viendra la chaude saison.

Cœur content

Pour cueillir la douceur nous n'avons qu'une vie.
Cultivons le jardin toujours avec envie.
Le plaisir est en tout, il faut l'apprivoiser
Et faire place nette au bonheur déboisé.

Si vous êtes amer, regardez une rose
Que le jour renaissant d'une lueur arrose.
Et c'est en traversant les chemins épineux
Que vous retrouverez un rire lumineux !

Balayer les soucis comme des feuilles mortes,
Faites germer en vous des fleurs de toutes sortes :
On dit qu'un cœur réjoui ferait fleurir l'été
Et qu'un esprit chagrin fanerait sa beauté.

Respirer les parfums des belles demoiselles
Qui colorent gaiement le jardin de chandelles.
Allez rêver sous l'arbre en grignotant un fruit,
Le début du bonheur va éclore sans bruit.

Ballade du poète

Il joue dans le jardin du vent
Et tutoie la lune opaline.
Il la chante jusqu'au levant
Avec sa jolie mandoline.
Sur la hauteur d'une colline,
Il aime scruter l'horizon
Et calme son âme orpheline
Dans cet univers sans raison.

Ce n'est point un sage, un savant.
Son écriture sibylline
Le cache comme un paravent.
Une muse le discipline
Et de sa beauté cristalline
Le fait tomber en pâmoison.
Alors il est d'humeur câline,
Son cœur redevient diapason.

Être délicat mais vivant :
Face à la nature il s'incline,
Son monde semble captivant
Lorsque le souffle dodeline
La simple fleur de santoline.
Il glorifie chaque saison
De sa poésie pateline,
Employant la comparaison.

Si la rime l'embobeline
Jusqu'à cette démangeaison,
Il grattera sa mandoline
Pour une sûre guérison.

À la cascade des pommiers

Demain, j'irai me rafraîchir
À la cascade des Pommiers.
À cet endroit, j'irai cueillir
Quelques notes d'éternité.

À l'ombre, je vais m'endormir
Sur le vert tapis printanier,
Ranger les mauvais souvenirs
Qui tenaient mon cœur prisonnier.

Les nuages pourront fleurir
Avec le vent primesautier,
J'écouterai les anges rire
Et mon sommeil sera léger.

Mais le ciel vient à s'assombrir
À la cascade des Pommiers.
Il me faut déjà repartir,
Revoir le monde coutumier...

Dernier été

Et ce fut le dernier été
Que notre abri fut planté.
Le petit camping de la plage
Allait tourner la page.

Me restera le souvenir
De jours heureux à retenir :
Une simple toile de tente,
Des vacances dans la détente.

La dune blanche des oyats,
Ciel et mer aux sereins éclats
La douceur de nos flâneries
Nourrissaient bien nos rêveries

La pêche à pied dans les courseaux
De beaux fruits de mer dans nos seaux
Des balades sans solitude,
L'on trouvait repos et quiétude.

Nous étions les joyeux voisins
De la plage de sable fin,
Des forêts de pins maritimes,
Des petites criques intimes.

Mais ce fut le dernier été
Que notre abri fut planté.
Le petit camping de la plage
Allait tourner la page.

La terre au printemps

Le printemps s'impose pour notre bonheur,
Et la terre palpite avec impatience ;
Elle s'attend à revoir le promeneur
Qui ne la trahira pas dans sa confiance.

Elle frémit sous un soleil tâtonneur
Et rappelle aux oiseaux de retour, leur alliance.
La terre invite l'insecte butineur
A voir la fleur à laquelle il se fiance.

Des parfums diffusés par un vent flâneur
Vous trouble l'esprit d'une harmonique ambiance ;
La nature ne recherche pas l'honneur,
Elle vous délivre la belle insouciance.

La terre, aurait-elle un secret farceur,
Possèderait-elle une vaste conscience ?
L'as-tu déjà perçue, toi le randonneur :
Dame Nature ordonnant la luxuriance !

Sur les bords du Thouet

Lors de cette belle randonnée,
Vous aurez soin de choisir un jour
Où votre cœur ne sera point lourd,
Pour boire au soleil de la journée.

La plénitude vous est donnée,
Et la nature vous fait la cour
Pour vous transmettre tout son amour,
Si votre âme se sent abandonnée.

Les nombreux jardins familiaux
Des rives du Thouet sont les joyaux ;
Les arbres, les fleurs et les légumes

S'adaptent aux diverses saisons.
Préférez le temps des floraisons
Pour flatter l'éclat de leurs costumes.

Au ciel des saisons

Le soleil, berger de nuages
Mène sa course lente et sage.
Les petits aboiements du vent
Font danser le troupeau du temps.

Si l'astre part et se repose
Voilà que le ciel nous arrose
Et devient menaçant comme un loup
Ayant grande envie de ragoût.

Au printemps le pâtre rayonne
Pour que quelques clochettes sonnent,
La venue proche de l'été
Aux saveurs et parfums fruités.

Quand les feuilles couvrent la terre
Laissant nus les arbres austères,
Le soleil va dormir plus tôt
La nuit le revêt d'un manteau.

Dans les fossés gonflés de glace
On peut voir un éclat d'audace,
Un clin d'œil dans le pâle hiver,
Une joie dans l'espace ouvert.

Le palais des odeurs

C'est d'abord une odeur d'herbe tondue
Qui mousse sur le sol en verte écume.
Puis des vapeurs de chocolat fondu
Qui forment des couloirs de chaude brume.

Dans le sous-sol, le poivre noir moulu
Vous chatouille le nez et vous enrhume.
Et des sciures de bois vermoulu
Se mêlent à des senteurs de bitume.

Des volutes grises très répandues
Sortent de la cheminée qui enfume.
Dans une chambre une dame inconnue,
De musc et de muguet se parfume.

Vacances d'été (simonnet *)

Les enfants turbulents que l'été rappelait,
Orphelins de leur maître, oublieront Pythagore.
Orchestrale saison de paix multicolore,
Laisse de tous tes feux rougir leur teint de lait !

Les pieds dans le ruisseau, le garçon maigrelet
Organise sa pêche au milieu d'une flore,
Ornement fastueux d'une faune sonore.
Les poissons dans l'eau douce écourtent leur ballet.

Une enfance à l'air libre, à la liesse commune,
Unité fanfaronne affichant sa fortune :
Moisson de souvenirs aux savoureux émois.

Espérez de ce temps qu'une belle jeunesse
Esquive un avenir sans la même promesse ;
Moira garde pour vous l'enfance au fil des mois.

* simonnet : forme fixe poétique calquée sur la
forme du sonnet traditionnel, inventée par le
poète Marcel Simonneau.

Petits bonheurs

Mesurons combien étaient grands
Nos doux petits bonheurs d'antan !
La mémoire de notre enfance
Est témoin de cette innocence.

Rayonnaient nos jeunes années
Quand nous allions le cœur léger,
A la rencontre de la vie,
De nos désirs, de nos envies.

Ils brillent ces jours ordinaires,
Dans ce quotidien sans mystère !
Ces gardiens d'un passé heureux
Sont des souvenirs généreux.

Les joies simples de la jeunesse
Se revivent avec tendresse,
Quand nous feuilletons nos cahiers
Et nos ouvrages d'écoliers.

Je me souviens de la fermière
Qui apportait à ma grand-mère
Crème fraîche, beurre et poulet :
Quelle aubaine pour le palais !

Je me revois aux longs étés
A l'ombre du grand cerisier,
Profiter des nombreux loisirs
Jouer aux cartes ou bien lire.

Ces temps ont construit ma personne,
Fréquemment je m'y abandonne.
Pour chasser l'ennui du moment
Je pense à mes bonheurs d'enfant.

A pied et le visage au vent

A pied et le visage au vent
Pour parcourir forêts et landes,
Rendez-vous à Brocéliande
Dans ce pays au cœur fervent.

Et par le monde décevant,
Je repense aux vieilles légendes
A pied et le visage au vent
Pour parcourir forêts et landes.

La beauté des sites souvent
Sont comparables à ceux d'Irlande ;
Des bois comme des houppelandes
Que je rejoins dès le levant
A pied et le visage au vent.

Brocéliande

La sylve florissante abrite la magie :
L'averse de soleil recouvre d'écus d'or
Le vert tapis mousseux satisfait du trésor ;
Une offrande céleste à la terre assagie.

L'océan de sapins nous souffle l'énergie :
Une douce fraîcheur fait vivre ce décor,
On respire sans peine et même dans l'effort,
Car marcher dans ces bois où le calme régi,

Anime le désir du bonheur absolu.
Le mystère se répand et rien de farfelu
Ne viendra vous ôter cette noble aventure.

Une étrange fontaine emprisonne Merlin
Et pour y parvenir il faut être malin,
Et connaître en ami la secrète nature.

Le vieux chêne

Le roi de la sylve est un vieux chêne massif.
Il accueille avec soin différents locataires :
Les insectes, oiseaux, couples, célibataires,
Tous aiment habiter l'arbre compréhensif.

De son tronc colossal, ce monarque passif
Impose le respect et cache ses mystères.
Son parasite retient les druides solitaires
Qui d'une serpe d'or coupent l'hôte expansif.

Le vent a bien du mal, dans le feuillage dense
A visiter le geai logeant la résidence.
Une martre sommeille au creux de ce géant,

Où l'écureuil jadis cachaient quelques noisettes,
Afin de vivre mieux l'hiver et ses disettes ;
Et la faune chérit l'arbre le plus séant.

Fin février en Bretagne

Un froid doux d'hiver paresse
Qui s'acoquine au soleil caressant.
Je promène mon regard
Sur les côtes découpées
Des sombres rochers de granit.
Le sable crépite d'or
Et rivalise avec l'onde émeraude.
Les îlots nombreux et sublimes
Animent mon imagination.

Je quitte la plage immense
Pour une autre balade charmante :
Un petit sentier au luxe végétal,
Senteurs des mimosas, coins insolites,
Surplombé par des villas sur des rochers.
Datent-elles des années folles
Ou de la belle époque,
Quand cette station balnéaire
Se vantait sur des affiches ?

Bretagne aux sites enchanteurs...
Me voici maintenant sur les hauteurs,
Temps splendide mais vent fort
À recevoir des gifles, à vous déshabiller !
Sur ce cap les landes sauvages

Vous invitent à marcher sans fin,
Les cheveux balayant votre visage,
Vous sentez les forces de la nature
Nourrir vos sens et votre esprit.

Au Tréport

Un abri pour l'été loué par ma grand-mère
Sur une plage grise avec son joli nom,
Dans ce champ de galets, fier comme un trianon
Sera pour tout un mois le logis secondaire.

Des journées de baignade au bonheur éphémère
Aux simples déjeuners dans le blanc cabanon,
Suffisaient amplement pour la chaude saison
A nous rendre joyeux au soleil solidaire.

Je me souviens des jours où le vent assez fort
Agitait comme un fou les vagues du Tréport.
Lorsque je me baignais dans cette mer houleuse,

Mamie se tourmentait quand un beau rouleau d'eau
Aplatissait le corps surpris de sa nageuse :
Ces moments bienheureux sont des riches cadeaux !

Le bois de Cise

C'est une perle de verdure
Aux maisons d'un passé radieux,
Prions qu'il soit couvert des dieux,
Que son charme perdure.

Voyez la falaise en bordure,
Vous voilà sous le toit des cieux.
C'est une perle de verdure
Aux maisons d'un passé radieux.

Si quelque tempête elle endure
Elle vous étonnera les yeux
Et gardera son air glorieux.
Protégez sa noble nature,
C'est une perle de verdure.

Côte d'Opale

Plage de sable et de galets
Bien abritée par la falaise,
Quand la mer se montre mauvaise
S'orchestrent d'étranges ballets.

Tu charmes même sans apprêts,
Voisine de la côte anglaise,
Plage de sable et de galets
Bien abritée par la falaise.

L'air, ce soir ôte mes boulets.
Je ne ressens aucun malaise
En ce lieu, l'horizon m'apaise ;
Tu m'as prise dans tes filets,
Plage de sable et de galets.

Juillet brille

Juillet brille. Couché sur une vaste plage
Je songe au bord d'une mer loin de tout tapage
Où les oiseaux marins volent dans le ciel haut.
Le soleil brûle l'air, le sable fin est chaud.
Mon regard, dérangé par les rayons solaires
Observe la méduse aux bras tentaculaires,
Et les dunes avec leurs boules de chardons
Que survole avec hâte un groupe de bourdons.
Alors j'ouvre un roman mais un souffle sans-gêne
Propage sur les mots une pluie d'or soudaine.
Un jeune goéland s'est posé sur le flot
Et se laisse bercer par un calme tempo.
L'océan reposé me cache ses mystères :
Le silence est seigneur des profondeurs austères.
Par là quelques secrets roulés par la marée
Feront partie des jeux de l'enfance dorée.
Je ramasse au hasard différents coquillages
Qui formeront plus tard de drôles personnages.
Juillet brille. La vie s'étire sur la plage.

Une vie de plage

Les rejets de la mer jalonnent la balade :
Crabes, moules, couteaux, coques et coquillages.
Dans ce nouveau jardin, des algues en salade
Déploient de ci de là leurs étonnants feuillages.

Le sable est un témoin, il imprime vos pas,
Copiant fidèlement le dessin des semelles.
Mais soufflé par le vent il vous cause embarras
Car il vient se coller aux cheveux qu'il emmêle.

Une course étonnante envahit le rivage :
Soudain des chars à voile, engins mus par le vent
Filent avec l'acquis d'un sérieux pilotage,
Pendant que des enfants mènent leur cerf-volant.

Empreintes des chevaux, traces d'oiseaux de mer,
La piste d'un vélo : la plage est bien vivante
Et mélange pour vous, la terre, l'eau et l'air.
Les loisirs sont nombreux sur la grève mouvante.

Détente

Sous un ciel pur et harmonieux
Je vous invite à vous détendre ;
Avec le vent léger et tendre
Oubliez ce monde ennuyeux.

Revivez vos rêves joyeux
Dégustant le jour sans attendre,
Sous un ciel pur et harmonieux
Je vous invite à vous détendre.

Sur la plage au sable soyeux,
L'écume à vos pieds va s'étendre
En écho de vague à entendre,
Couleur outre-mer dans vos yeux
Sous un ciel pur et harmonieux.

Ciel normand d'antan

D'épais nuages bas animent le ciel bleu.
Au loin, la mer a bu la ligne d'horizon.
L'astre solaire annonce une douce saison,
Et se cache souvent sans décider d'un jeu.

Le paysage change autant de fois qu'il veut.
Le vent complice rit avec la floraison
De moutons blancs passant dans sa combinaison,
Et quelques paysans semblent rêver un peu.

Ramasseurs de varech pour amender les terres,
Ils occupent la plage avec une charrette
Tirée par un cheval qui sans cesse s'arrête.

Des tâches de couleurs de robes passagères
Entraînent le regard vers un nouvel éclat,
Et Eugène Boudin peint ce panorama.

Côte de Jade

Forêts denses et longue plage
Bercent l'esprit d'un air badin ;
L'eau verte et claire de l'ondin
Baigne ses mots dans son sillage.

Le pin maritime grillage
Le sable indocile et blondin.
Forêts denses et longue plage
Bercent l'esprit d' un air badin.

Terre d'Ouest sans maquillage,
Séduis le triste citadin !
De Saint-Michel jusqu'à Mindin :
C'est l'espace d'un mariage,
Forêts denses et longue plage.

Les fleurs de l'île d'Yeu

Avez-vous vu les fleurs aimables
De la santoline des sables
Et le lys, et l'œillet coquet ?
Ces fantaisies du littoral
Forment un spectacle floral,
Le plus magnifique bouquet !
Toutes belles et amusantes
Elles font les balades plaisantes.
Il ne faut que les regarder,
Ces demoiselles sont fragiles
Car quelques dunes sont mobiles
Et devons les sauvegarder.

Le peintre fleuriste

Le peintre fleuriste cultive l'arc-en-ciel
Grâce à l'herbier de fleurs et de plantes séchées ;
Ses palettes en bois vieilles et bien tachées,
Ses pinceaux, son couteau, tout est officiel.

Il sème son talent - trait providentiel -
Sur l'immense tableau des formes recherchées
Qu'il regarde fleurir, coquines déhanchées :
Il recompose ainsi le thème essentiel.

Depuis l'Antiquité sur papier ou sur soie,
Le classique sujet part sur la bonne voie
De l'éternel chemin de l'exaltation :

Trois couleurs et le blanc, il obtient la nature...
Dürer, Monet, Van Gogh en faisaient la lecture,
Un instant capturé de célébration.

Les orchidées

Les fleuristes ont des idées
Et proposent des orchidées,
Objets de nouvelles passions.
Elles sont rares et fascinantes
Et leur formes sont élégantes
Par leurs diverses expressions.
Leurs odeurs, leurs couleurs imitent
Nombreux insectes sans limite.
Amies avec les champignons
Partageant la même culture,
Elles offrent à la nature
Leurs magnifiques lumignons.

Le coprin de l'oyat

Connaissez-vous ce champignon
Aussi timide que mignon ?
On le rencontre sur la dune
Près des oyats chargés d'embruns,
Qui font flotter leurs épis bruns.
Mais le sel de mer l'importune.
Exceptionnel dans ces milieux
On le déguste avec les yeux ;
Celui-ci n'est pas comestible.
Avec son discret chapeau blanc
Il a son petit air charmant
Et croît dans un décor paisible.

La ferme des Pommettes

C'est dans cette ferme accueillante,
Une galerie de portraits :
Moutons, vaches, chevaux de traits
Pour une journée égayante.

Dans la basse-cour distrayante :
Pigeons, canards, dindons, poulets.
C'est dans cette ferme accueillante,
Une galerie de portraits.

Ici la nature est confiante,
Tous les animaux sont prêts
Pour une tape bienveillante.
Où recueillir des moments vrais ?
C'est dans cette ferme accueillante.

Dans la chaleur du bel été

Dans la chaleur du bel été,
J'irai rêver près du rivage.
L'ombre sortira de sa cage,
L'esprit trouvant la liberté.

Quand on s'abreuve au jour bleuté,
Le temps tient un autre langage.
Dans la chaleur du bel été,
J'irai rêver près du rivage.

Et pour fuir ce monde agité
Dans lequel je suis de passage,
Mon cœur habitera la plage
Pour s'y refaire une santé,
Dans la chaleur du bel été.

Côte d'Emeraude

D'un vert émeraude est son onde,
Son sable brille comme l'or.
Son tempérament semble fort :
Au pays le granit abonde.

Mais elle séduit tout le monde
Cette Bretagne vagabonde :
D'un vert émeraude est son onde,
Son sable brille comme l'or.

Observez la magie féconde
Au riche et sauvage décor ;
Vous allez voguer à son bord
Quand le soleil ouvre sa ronde
D'un vert émeraude est son onde.

Éclat

Une lumière qui m'inspire
M'offre un morceau de pureté :
Une particule d'été
Dans la brisure d'un sourire.

Il semble que le temps soupire
Une note d'éternité ;
Une lumière qui m'inspire
M'offre un morceau de pureté.

Un détail s'accorde à ma lyre :
Un tesson d'ange pailleté,
Une miette de volonté
Éclos d'un éclat de porphyre,
Une lumière qui m'inspire.

La bourrine à Rosalie

Dans la bourrine à Rosalie,
On a gardé tous les objets,
Des ustensiles, des jouets
Pour les yeux de la nostalgie.

C'est la maison la plus jolie
Où fleurissent mille bouquets.
Dans la bourrine à Rosalie,
On a gardé tous les objets.

Les jours respirent la magie :
Volailles, canards et baudets
Sont conduits par des farfadets.
On goûte un brin de fantaisie
Dans la bourrine à Rosalie.

La Chaume

Dans ce lieu-dit, je me souviens,
La liberté brillait, divine ;
N'étant pas poitevine,
J'aimais ce pays aérien.

A côté du logis ancien
Où le tournesol prédomine,
Dans ce lieu-dit, je me souviens,
La liberté brillait, divine.

Comme un symbole de soutien
La simple chapelle domine
Quelques bâtiments en ruine ;
Coin de paix au quotidien,
Dans ce lieu-dit, je me souviens.

L'air du soir marin

Un brin d'odeur de pin maritime
Dans le crépuscule du soir intime...
Mélancolique je gravis la dune
Pour le calme de l'onde et de la lune.

Les rumeurs de quelque ville lointaine
Lui crée une dimension incertaine.
Ce repos pèse ma vraie solitude
Et j'étends ce sentiment d'altitude.

Devant l'océan rempli de magie :
Des effluves d'iode en synergie ;
La palme de mon âme croise au large
Bien doucement dans ma petite barge.

Le jardin du vent

Jouer dans le jardin du vent
Jalonné de surprises joyeuses :
Là des sculptures malicieuses
Dans un théâtre verdoyant,

Et des ateliers cerf-volant
Pour petites mains bricoleuses.
Jouer dans le jardin du vent,
Jalonné de surprises joyeuses !

Des outils météo d'avant
Dévoilent des choses curieuses.
Au pied d'un vieux moulin savant
Avec ses ailes lumineuses,
Jouer dans le jardin du vent !

Chercher la lumière

As-tu vu le bonheur, as-tu su l'accueillir,
Était-il recouvert d'un voile de mystère ?
As-tu marché longtemps, voyagé sur la terre,
Pour espérer revoir une joie rejaillir ?

Dans cette longue quête il ne faut pas faillir,
Ciseler son esprit, soigner son caractère.
Rechercher la beauté, bannir le terre-à-terre
Pour nourrir l'intérieur et ne jamais vieillir.

Tu l'as déjà croisé mais sans le reconnaître,
Ce doux enchantement qui révélait ton être.
Était-ce une lueur d'un songe évaporé ?

Non, il était présent, au cœur de l'infortune,
Caché dans le malheur, dans la nuit importune,
Qui jadis occultait ce grand éclat doré.

Le saule pleureur

Je n'ai pas connu de temps meilleur
Que l'amitié d'un saule pleureur
Qui me caressait de son feuillage.
Je pouvais dormir sous son ombrage,

Quand le soleil couchait sa chaleur.
J'aimais de l'arbre, cette pâleur,
Et me livrais au vagabondage
Avec un rêve pour seul bagage.

Je me rappelle de son ampleur
Et lui prétends beaucoup de valeur.
Un azur et la terre en partage,
Nous parlions donc le même langage.

Sur le tombeau de Musset, son pleur
Couvre le sommeil du grand rimeur,
Accompagnant son dernier voyage.
Moi, j'ai quitté l'arbre et mon village.

L'enchantement

On se presse pour lui de peur qu'il disparaisse,
On l'attend sagement sachant qu'il viendra bien,
On y songe la nuit quand le silence vient...
Il est dans l'existence une douce caresse.

Il exige des efforts n'aimant pas la paresse,
Ni le soleil noirci d'un spleen baudelairien.
Il anime un instant dans notre quotidien,
Et remplit notre cœur d'espoir et d'allégresse.

Dans le jardin d'Eden ou dans un simple pré
Il sait fondre en notre âme un éclat empourpré,
Un parfum de fruit mûr, inattendu, sauvage.

Sa nature surprend l'unique promeneur
Sur les chemins douteux de l'étrange bonheur.
Et quand il prend la mer, on le rêve au rivage.

Le Puy de Dôme

Pour honorer ce vieux géant
Par le chemin des muletiers,
Hêtres, sapins et noisetiers
Recouvrent sagement ses flancs.

Dominant tel un sémaphore,
Ce vaste espace de nature
Vous mène au temple de Mercure
Aux quelques ruines qui l'honorent.

Sur la terre de ce volcan
La poésie ne manque pas.
De superbes panoramas
Vous feront oublier le temps.

En deltaplane êtes-vous prêts
À vous approcher des nuages,
Pour que l'esprit libre voyage
Du haut de ces sommets ?

De la grande chaîne des puys
Dont il est le plus beau joyau,
A ses pieds posez vos fardeaux
Et respirez l'air de la vie.

Recette des jours ordinaires

Pour survivre aux jours ordinaires,
Employez plusieurs ingrédients.
Ne vous gavez pas d'expédients,
Ils sont de mauvais partenaires !

Découpez vos imaginaires,
Dégelez vos désirs mendiants.
Pour survivre aux jours ordinaires,
Employez plusieurs ingrédients.

Cédez aux fêtes culinaires,
Sucrez les matins irradiants.
Chocolatez les récipients
De vos parcours trop linéaires...
Pour survivre aux jours ordinaires.

Rondel d'un soleil d'été

Le soleil d'été est artiste,
Il fait naître mille couleurs.
De l'aube aux dernières lueurs
Rien sur terre ne lui résiste.

Il joue au peintre pointilliste
Avec les arbres protecteurs !
Le soleil d'été est artiste,
Il fait naître mille couleurs.

Sur votre peau blanche il insiste,
Et se fait roi des tatoueurs
Et rehausse l'éclat des fleurs.
Par lui tout pousse et tout existe
Le soleil d'été est artiste.

Rondel d'un soleil d'hiver

Le soleil pâle de l'hiver
Sable la neige qu'il satine
D'une noblesse palatine :
C'est la douceur d'un astre fier !

Son beau voyage dans l'éther
Balade des fils blond platine.
Le soleil pâle de l'hiver
Sable la neige qu'il satine.

Lorsqu'il se cache on pleure amer,
Ne plus voir ce roi nous chagrine
Car sa lumière nous fascine.
Même calme il nous est cher,
Le soleil pâle de l'hiver.

Saint-Jean-de-Monts

L'immense plage au sable fin
Que borde une longue esplanade
Vous mène jusqu'à l'estacade
Pour observer le ciel marin.

Le soleil vermeil et divin,
Le soir, colore, camarade,
L'immense plage au sable fin
Que borde une longue esplanade.

Derrière vous, l'odeur du pin,
Invite votre esprit nomade
Pour une dernière escapade.
Alors vous quittez l'air salin,
L'immense plage au sable fin.

Ciel et firmament

Contempler le bleu du firmament
N'écoutant plus le rythme du temps
Laissons filer nos sombres pensers
Avec les eaux des fleuves passés.

Contempler le bleu de l'océan
Prêtant l'oreille aux chansons du vent
Laissons couler nos chagrins d'hier
Avec les froids glacés de l'hiver.

Contempler la ligne d'horizon
Quêtant une nouvelle saison
Laissons notre passé décevant
Avec les secrets d'un paravent.

Alors peut-être au fond du désert
Qui semblait corrompre l'univers
L'Invisible pourra t'abreuver
De la sagesse qu'il t'avait donné.

Le paysage de l'âme

Mon cœur a découvert la bonne solitude :
Le monde au jour naissant supprima la douleur,
L'immensité du ciel sublimait la couleur,
L'esprit était lavé de toute servitude.

Tel l'oiseau migrateur, je pris de l'altitude
Car approchait l'hiver agressif et voleur,
Vous donnant au visage une triste pâleur.
Pour la dernière fois je cherchais la quiétude.

Comme dans un tableau du vieux peintre allemand,
Caspar David Freidrich, voguait le sentiment
Sur l'onde captivante où parlait la Nature.

A travers le rideau déchiré du frimas,
J'inventais avec foi d'autres panoramas
Pour commencer enfin l'existence future.

Table des poèmes